AF381423

Ich bin einzigartig

Kirsten Sar

Achtsame Affirmationen für besondere Kinder

Ich bin einzigartig

So werden aus besonderen Kindern starke Persönlichkeiten

Kirsten Sar

FSC
www.fsc.org
MIX
Papier aus ver-
antwortungsvollen
Quellen
Paper from
responsible sources
FSC® C105338

Herstellung und Verlag: BoD – Books on Demand, Norderstedt

Bibliografische Information der Deutschen
Nationalbibliothek:
Die Deutsche Nationalbibliothek verzeichnet diese
Publikation in der Deutschen Nationalbibliografie.
Detaillierte bibliografische Daten sind im Internet über
http://dnb.dnb.de abrufbar.
Texte: © 2023 Copyright by Kirsten Sar
Bilder: 2023 by Thejani (Anisha)
Webseite: kirstensar.com
ISBN: 9783757882174

Ich bin einzigartig und etwas ganz Besonderes.

Ich kann mir alle meine Träume erfüllen und meine Ziele erreichen.

Ich bin anders – und deshalb
etwas ganz Besonderes.

Meine Meinung ist wichtig und
wird respektiert.

Ich werde geliebt, unterstützt
und ermutigt.

Ich bin stark und mutig.
Mir kann keiner etwas anhaben.

Ich habe viele besondere Talente
und Begabungen.

Ich bin stolz auf mich.
Ich bin stolz auf meinen Mut, auf
meine Stärke, auf die Dinge, die
ich erreicht habe und auf das,
was ich kann.

Mein Charakter ist das, was zählt.

Ich feiere meine großen und
auch meine kleinen Erfolge.

Ich liebe meinen Körper, so wie
er ist.

Ich gebe jeden Tag mein Bestes.

Ich lerne ständig und wachse
auf meine ganz eigene Art und
Weise.

Ich bin geduldig und gebe nicht auf.

Ich glaube an mich selbst und
an meine innere Kraft.

Ich mache aus jedem Tag ein
Meisterwerk.

Ich verdiene Respekt,
Freundlichkeit und Inklusion.

Ich bin mutig und stelle mich allen Herausforderungen.

Ich bin kreativ und habe tolle
Ideen.

Ich höre auf mein Herz. Mein
Herz weiß genau, was richtig und
was falsch ist.

Mein Leben ist wunderschön.

Ich kann andere Menschen
begeistern.

Ich verdiene Mitgefühl und Verständnis.

Ich bin glücklich.

Ich bin schön und wertvoll – von innen und von außen.

Ich kann Licht ins Dunkel
bringen, denn wo ich bin, scheint
die Sonne.

Ich fühle mich sicher und
geborgen.

Ich kann für diejenigen
sprechen, die nicht für sich
selbst sprechen können.

Ich kann mein Leben verändern, wenn ich es möchte.

Ich liebe mich so, wie ich bin.

Ich bin einzigartig. Ich bin stark. Ich kann alles schaffen. Dieses inspirierende Buch mit motivierenden Affirmationen soll Kinder mit Behinderung an alles erinnern, was sie an sich selbst lieben, was sie können und dass unendlich viele Begabungen in jedem von uns stecken.

Täglich vor dem Schlafengehen oder nach dem Aufstehen gesprochen, machen diese Affirmationen sie selbstbewusst, stark, motiviert und empathisch. Sie zeigen ihnen, dass sie etwas ganz Besonderes sind und dass sie der Welt viel zu bieten haben. Ein Buch, das ihnen beibringt, an sich selbst zu glauben und Ängste zu bewältigen. Und das aufzeigt, dass jedes Kind einzigartig ist, besondere Fähigkeiten hat und seine Träume verwirklichen kann.